ANZU

アンズのファミリー

訓練中《くんれんちゅう》のアンズ

小さなものも見のがさないために
毎日、訓練

バーを飛ぶ訓練。
アンズのジャンプ力はすごい

土手でにおいを追う訓練

においをたどる訓練

シェパードといっしょ

警察犬《けいさつけん》の
ユニフォームを着て
グレンと鈴木さんと

警察犬の試験に合格したころのアンズ。
大好きなシェパードのグレンと。
グレンは先生であり、よきライバル

表彰《ひょうしょう》

警察《けいさつ》から
表彰されたグレン

鈴木家にならぶ
感謝状《かんしゃじょう》の数々

警察から表彰されたアンズ

警察犬
アンズの事件簿

小さいけれど、大きな仕事

鈴木博房

岩崎書店

目次

プロローグ　「ええ！　こんな小さな犬が警察犬《けいさつけん》ですか!?」　4
事件簿1　手おし車のおばあさんの事件　10
事件簿2　車でにげたどろぼうの事件　20
事件簿3　ネコやしきのおじいさんの事件　30
事件簿4　あき地で亡《な》くなったおばあさんの事件　40
事件簿5　はちあわせしたどろぼうの事件　56

事件簿6　家からいなくなったおじいさんの事件　70
事件簿7　いなくなった女の人の事件　84
事件簿8　家からいなくなった女の子の事件　102
事件簿9　父親にケガを負わせた息子《むすこ》の事件　114
事件簿10　いなくなった女子高校生の事件　126
エピローグ　アンズのようにコツコツと　140

プロローグ

「ええ！　こんな小さな犬が警察犬《けいさつけん》ですか⁉」

夜の八時。
ここは、すぐそばに川が流れるキャンプ場の駐車場《ちゅうしゃじょう》。
パトカーの赤いライトが点滅《てんめつ》する、立ち入り禁止《きんし》の事件現場《じけんげんば》です。

朝、つりに出たおじいさんが、夜になっても帰ってこないのでさがしてほしい、と警察《けいさつ》かられんらくがあり、かけつけました。

車からアンズをおろすと、警察官がびっくりしています。
「ええ！　こんな小さな犬ですか⁉　シェパードみたいな、大きな犬がくるとばかり思っていたのですが、ほんとうに警察犬なんですよね？」

「はい、警察犬です」
「だいじょうぶですか？　山の中ですよ！　けっこう歩きますよ！」
「はい、だいじょうぶです」

トイプードルのアンズは体重三キロ、ふわふわの白い毛におおわれて、ぬいぐるみのようなかわいらしさですから警察官がそう言うのも無理はありません。

わたしは「だいじょうぶですよ。じゅうぶんに訓練してます」と心の中で思いながら、すぐにアンズを連れて規制線《きせいせん》の中へ入りました。

アンズにおじいさんのくつのにおいをかがせます。このにおいをたよりに、おじいさんをさがすのが、わたしたちの仕事です。

「アンズ、さがせ！」

この声で、アンズはスイッチが入ります！

もう、そばを犬やネコが通ろうが、おいしそうなにおいがしようが無視《むし》して、どこへでも歩いていきます。


アンズは七年前、動物保護《ほご》センターに犬をすてにきた男の人から、その場でゆずりうけた犬です。その人は「ほえてばかりいる、こんな犬いらない」と、その日に殺されることを知っているのか知らないのか、連れてきたのです。

わたしはほしい人にでもあげよう、と連れて帰りましたが、うちにいるシェパードの警察犬《けいさつけん》の訓練を見ていたアンズが「いっしょに訓練したい」とほえます。「こんな小さな犬なんて無理」と取り合わなかったのですが、ほえ続けるアンズに根負けして訓練を始めました。コツコツと訓練をして、試験に合格。

五年前、警察犬になりました。


警察犬の仕事は過酷《かこく》です。

人間よりも地面の近くを歩くので、その感じる暑さや寒さは相当なものです。いつ終わるともしれない捜索《そうさく》は五キロも続くこともあり、同行する警察官のほうが音をあげたこともあります。

さて、おじいさんをさがし始めたアンズは、どこにいるのでしょうか？　まっ暗な川岸を歩いています。

フゴフゴフゴッフゴ

鼻を地面にすりつけるように、足あとのにおいを追って、ゆっくりと進んでいます。道のわきには雑木林《ぞうきばやし》があり、すいこまれそうな暗やみが広がっています。

アンズがとつぜん、走り出しました！

ワンワンワーン

アンズの声がひびきました。

いそいでかけつけると、古い小屋でうずくまっているおじいさんがいます。

「下流にむかって歩いていたら、雨がふってきたので、ここににげこんだんですが、とちゅう、足をくじいて、動けなくなってしまいました。けいたいもつながらないので、どうしようかと不安でした……」

アンズがおじいさんの手をペロペロとなめています。

「すると、この小さな犬がやってきて、ほえているので、びっくりしました。警察犬《けいさつけん》なんですか？　わたしはこの犬に助けてもらったんですね」

同行の警察官が無線で救急車《きゅうきゅうしゃ》を手配しています。

「なんていう名前ですか？」とおじいさんがたずねます。

「アンズです」

「アンズちゃんかあ、ありがとう。こんな小さいのにたいしたものだ」

ちょっとほこらしげなアンズ。

最初に「こんな小さな犬？」とおどろいた警察官もうれしそうです。

「さっきは失礼しました。警察犬のアンズに敬礼《けいれい》、ですね！」


でかしたぞ、アンズ！


この本はアンズが警察犬として、どのようにして、ここまでみとめられるようになったのか、デビューからの出動記録をまとめたものです。くやしいことやつらいことがたくさんありました。でも、アンズはがんばりました。

この小さな体でどうやって乗りこえていったのか、読んでみてください。

警察犬アンズの事件簿　1

【手おし車のおばあさんの事件】

こんな小さい犬になにができるの？とアンズ、試される

事件File no.1

【発生日時】
5月　朝8時

【発生場所】
かいごしせつ

【内容】
77歳のおばあさんが一人でどこかへ行ってしまった

朝の八時半。
犬たちはエサを食べて、ケージの中でうとうとしています。

りりりりりりりり！
電話がなりました。
妻《つま》が電話を受け、わたしにむかって大声で言いました。

「警察《けいさつ》からですよ！」

電話に出ると、わかい警察官が説明を始めました。

「かいごしせつで朝食後、認知症《にんちしょう》のお年よりのすがたが見えなくなったとのことです。この人の手おし車（補助《ほじょ》カート）が見あたらないので、たぶん、それをおして外に出て行ったと思われます」

七十七歳《さい》のおばあさんが、一人でどこかへ行ってしまったとのことです。このかいごしせつは市街地《しがいち》にあります。

お年よりの捜索《そうさく》は小さなアンズのほうが目立たなくていいだろう、とわたしはアンズを連れて行くことにしました。今まで、何度もシェパードといっしょに事件現場《じけんげんば》に行き、事件がかいけつしたあと、シェパードが歩いた道をたどるなどの訓練はしてきましたが、今日ははじめて一頭での出動です。

車で一時間ほどのしせつはあまり大きくなく、家庭的なふんいきです。

「ごくろうさまです」

警察《けいさつ》の生活安全課員《せいかつあんぜんかいん》がわたしたちをまっていました。

「これが原臭《げんしゅう》です」

手にしたビニールぶくろの中にはおばあさんのくつが入っています。

原臭とは、さがすものや人のにおいのことで、警察犬はこの原臭をきおくして、同じにおいをさがします。

おばあさんは手おし車を使えば、かなり長い時間歩けること、そして、いなくなったときの服そう、健康状態《じょうたい》などを教えてもらいました。

これから、かつてない高齢化社会をむかえる日本。わたしはアンズのような小型犬の警察犬がもっとたくさん必要になるだろうと思っています。

そのためにもアンズがいいお手本をしめす必要があります。

さあ、アンズ、がんばろう！

アンズ、さがせ

しせつのげんかんから捜索《そうさく》を始めることになりました。
アンズにビニールぶくろの中のにおいをかがせました。

「アンズ、さがせ」

フゴフゴフゴフゴ
アンズはしせつのげんかん前のスロープについているにおいを、いっしょうけんめいかいでいます。

しばらくするととつぜん、歩き始め、大通りに出ました。歩道を歩いていくと、すこし先で清掃係《せいそうがかり》のおじいさんがそうじをしていますが、アンズはそうじをじゃましないように、うまく横によけて前に進みました。

「いつのまにか、こんなことをおぼえたんだ！」

わたしはびっくりしました。進路にじゃましてはいけないものがあったら、よけて歩くようになんてことは教えたことがないからです。

生活安全課員《せいかつあんぜんかいん》もおどろいています。

「今、よけて通りましたよね？　やりますね！」


犬はふしぎです。

人間といっしょに行動しているうちに、いろんなことを学んでいるのです。車道と歩道の区別、おうだん歩道を歩くこと、しょうがい物があったらさけること、そして、今のように人のじゃまをしないことなど、人間社会にあわせるように、身につけていくようです。犬は共感能力《きょうかんのうりょく》が高いのでしょう。

すこし進むと、アンズが急に立ちどまりました。においが消えているようで、うろうろしています。

「あれ、なにかあるのか?」

あれあれ、ゴミ収集場《しゅうしゅうじょう》が見えてきました。かなり、においます。これではアンズはたまらないだろうとさっと通りすぎ、その先でもう一度、原臭《げんしゅう》をかがせました。

「アンズ、さがせ」

再開したと思ったら、すぐにアンズがすわりました。

「なにがあるんだ?」

同行の警察官《けいさつかん》といっしょに地面を見ました。


ははあ、ここにタイヤのあとがある……。

「ここに手おし車のタイヤのあとがありますね。この道を通ったのはまちがいないようですね」とわたしがほうこくすると、警察官が意外そうな顔をしています。

「こんな小さな犬に、そんなことがわかるのか」とでも言いたそうな顔です。

アンズはあまり信用されていないようです。

すこし行くと前のほうから、しば犬を連れた女の人がこちらにむかって歩いてきました。しば犬はアンズにきょうみしんしんで近づきたがりますが、アンズはまったく無視《むし》しました。もちろん、無視するように訓練しているのですが、ここまでみごとにやってくれるとは思いませんでした。

「本当に無視しましたね。すごいなあ」と警察官《けいさつかん》が感心しています。

しば犬のかい主が「あんたも、あの犬くらい、おりこうさんならねえ」と言っているのが聞こえてきます。


公園までくると、その入り口でアンズがすわりました。すぐそばにはパトカーがとまっています。

警察官がパトカーからおりてきて、こう言いました。

「おつかれさまです。今さっき、行方不明者《ゆくえふめいしゃ》が見つかりました。すでにしせつに送りとどけて、本人かくにんもすみました」

「発見場所はどこですか？」

「今、警察犬のすわっている、この場所です」

今、アンズがすわっている、ここで発見されたというのです。


「あんな小さい警察犬によくわかったなあ、びっくりだぁ」

「でも、シェパードだったら、もっと早く、たどりつけただろうなあ」

警察官がそんなことを話しているのが聞こえてきます。わたしはちょっとくやしい気持ちになりましたが、そのうちわかってもらえるだろう、と信じていますから、いちいち気にしないことにしています。


パトカーでわたしの車まで送ってもらいました。アンズはわたしのうでの中で、すぐにねてしまいました。

それを見た警察官が「つかれたのでしょう。小さな体でがんばった！」とねぎらってくれました。
家に帰ってからも、つかれているようで、すぐにねてしまいました。

アンズ、おつかれさん!

アンズは一頭でがんばることができました。
警察官はまだ、この小さいアンズを信用してくれていないようですが、一つひとつ、経験を積み重ね、結果を出していけば、まわりが変わっていくでしょう。
それまではただ、行動するのみです。

それにしても、なんと行方不明《ゆくえふめい》になる高齢者《こうれいしゃ》の多いことか……。

集中して足あとのにおいを追うアンズ

警察犬アンズの事件簿　2

【車でにげたどろぼうの事件】

こんなにがんばっても、アンズはなかなか信用してもらえない

深夜二時。

電話のよび出し音がなりました。

「夜分にすみません。強盗《ごうとう》事件です。出動、おねがいできますか」

「できます」

わたしは体調が悪いとか、車が走れないほど天気が悪いとか、よほどのことがないかぎり、出動をことわりません。そのために、勉強して、試験をうけて、

事件File no.2

【発生日時】
3月　深夜2時

【発生場所】
郊外《こうがい》の住宅地《じゅうたくち》

【内容】
強盗《ごうとう》事件。
夫婦《ふうふ》をしばって、
犯人《はんにん》が車で逃走《とうそう》

犬を訓練して、警察犬《けいさつけん》の指導士《しどうし》になったのですから、「出てください」と言われれば、ことわる理由はありません。わたしと犬が役に立つのなら、多少、ねむくてもつかれていても出ていきます。

わたしはグレンを起こしました。まず、うんちをさせ、車に乗せます。その様子に気がついたアンズも行きたそうにします。

深夜、しかも強盗事件です。新米のアンズにはちょっと無理かな、と思いましたが、アンズは行く気満々《まんまん》です。

「アンズも勉強のつもりで行くか？」

家から一時間、郊外《こうがい》の住宅地《じゅうたくち》に着きました。むこうのほうにパトカーがとまっているのが見えます。強盗に入られたという家のまわりには規制線《きせいせん》がはられ、ものものしいふんいきです。

鑑識課員《かんしきかいん》がしもんや足あとのにおいをとる作業をしているのが見えます。

「ごくろうさまです」

わたしたちが着いたことに気がついた鑑識課員《かんしきかいん》が声をかけてきました。鑑識課員とは、犯人《はんにん》が事件現場《じけん》に残していったしもんや物品、足あと、におい、血こんなど、事件解決《かいけつ》のためのしょうこを集める仕事をする人たちです。

「状況《じょうきょう》を説明します。この家の夫婦《ふうふ》が何者かにおそわれ、ガムテープでしばられて、金品《きんぴん》をぬすまれました。にげた犯人《はんにん》の足あとがありますので、そこからにおいを取って原臭《げんしゅう》にします。どこににげたか、追いかけてください」

「わかりました」

家の中から犬のなき声がします。大型犬のすがたが見えました。

「犬はオスですか？　メスですか？」

「メスです」

「グレンはオスなので、メスがいると気になって作業ができないことがあるので、今日はアンズでいきます」と説明し、家の前にアンズを連れて行きました。

「ええ、こんな小さな犬ですか⁉」

警察官《けいさつかん》はアンズでは信用できない、という表情で言いました。
シェパードでうまく捜索《そうさく》できなくても、「仕方ない」となりますが、アンズでうまく捜索できなかったら、「なんでトイプーなんて使ったんだ！　なんでシェパードでやらなかったんだ」と警察内部やマスコミ、世間から非難《ひなん》されてしまうことがあるのです。

アンズに原臭をかがせました。原臭は足あとのにおいです。そのにおいがついた白いぬのがビニールぶくろに入っています。これは移行臭《いこうしゅう》といって、地面やアスファルトの上に残されている足あとにぬのをかけて、うかびあがるにおいをぬのに吸収《きゅうしゅう》させるという方法で、事件現場《じけんげんば》ではよく行われます。

アンズはげんかんから出ると下り坂を進み、ほそい道との交差点でピタッととまりました。そして、わたしの顔を見上げて、こううったえました。
「ここでにおいが消えているよ」

「ははあ、犯人《はんにん》はここから車に乗ったなあ」と推測《すいそく》したわたしは、同行の警察《けいさつ》官《かん》にこうつたえました。

「この場所でにおいが消えています。犯人はここで車に乗ったと推定《すいてい》されます」

警察官《けいさつかん》が無線で、「交差点そばでにおいがなくなったようで、犬が先に進みません。指導士《しどうし》の意見では、ここで車に乗ったとのことです」と本部にほうこくしています。そして、無線でこう言っているのが聞こえてきました。

「その犬でだいじょうぶなのか？　シェパードを出せないのか？」と。

やっぱりアンズは信用されていないことがよくわかります。即座《そくざ》に「べつの警察犬でおねがいできますか？」とたのまれました。

グレンの出した結果

警察が、新米警察犬アンズが出した結果が心配なのもわかります。なにしろ、なんの実績《じっせき》もないのですから、信じろ、というほうが無理な話なのでしょう。

わたしはアンズを信用していますから、この結果に自信がありますが、ここでつべこべもんくを言ってもしかたありません。すぐにアンズを車にもどし、グレンを出しました。

グレンはシェパードでも相当に大きく、体重は四十二キロもあります。

げんかんに連れて行きました。

「これだよ！　警察犬は！　やっぱりシェパードだよ」

そんなふうに捜査員《そうさいん》が話しているのが聞こえました。

警察犬は大型犬という世間の先入観《せんにゅうかん》は根深いな、と思いました。

ワンワンワンワーン！

グレンをげんかんに連れてくると、家の中の犬がすさまじいいきおいでほえましたが、グレンは無視《むし》しています。メス犬が気になるのではないか、というわたしの心配をよそに、仕事モードに入れば、ちゃんと無視できることがわかりました。

すぐに原臭《げんしゅう》をかぎ、アンズと同じコースを歩き始めます。そして、アンズがとまったところですわり、「においがなくなっている」とうったえます。

すこし歩くと、グレンは地面に残ったタイヤのあとを見つけました。

警察官《けいさつかん》が無線で本部にれんらくしています。

「れんらくします。ちがう警察犬《けいさつけん》での捜索《そうさく》でも同じ場所でにおいがなくなっている様子です。犯人《はんにん》が使ったと思われるタイヤのあとを警察犬が見つけました。鑑識課員《かんしきかいん》にタイヤのあとの採取《さいしゅ》をおねがいします」

タイヤのあとは大きな手がかりになります。それだけで、車種や年代がわかるので、犯人のしぼりこみにつながるたいせつな情報《じょうほう》になるのです。

車は犯行現場《はんこうげんば》から五百メートルもはなれたところにおいてありました。犯人は世間の目がこわいので、犯行場所からはなれたところに車をとめます。

もし、犯行現場の家のすぐそばに車をとめて、あわてて走って車に乗りこもうものなら、「あやしい人が急いで、犯行現場のすぐそばにおいてあった車に乗りました。背《せ》の高い男の人で、車の色は……」とほうこくされてしまいます。見なれない車や人はあやしいと、人のきおくに残るのです。

犯人はそういうことまで計算している、ということは、強盗《ごうとう》の経験がある人かもしれません。

今日の作業はここで終わり。担当《たんとう》の警察官から「ごくろうさまでした」とねぎらわれました。グレンがタイヤのあと、というしょうこを見つけることができたのですから上出来《じょうでき》です。

グレンを連れて車にもどるときに、警察官の会話が聞こえてきました。

「二頭ともほぼ同じルートで追及《ついきゅう》してたけど、シェパードはただ、あの小さな犬のにおいを追っていたのではないか?」

そんなことはありません。グレンはアンズのにおいに関心はありません。なぜなら、いっしょにくらしているので空気みたいなそんざいなのです。

わたしはなかなか警察犬《けいさつけん》が理解《りかい》されないことに、ちょっとがっかりしましたが、コツコツと積み重ねていくしかないな、と思いながら、現場《げんば》をあとにしました。

車種をしぼりこむことができたので、防犯《ぼうはん》カメラで犯行時間のデータをしらべ、犯人《はんにん》を見つけることができた、とほうこくがありました。

犯人は前科《ぜんか》のある、年配の男の人だそうです。

アンズもこの一件で、役に立ちそうだ、ということがわかってもらえるといいのですが……。まあ、あせらずにやっていきましょう！

よくやった、アンズ！　グレン！

グレンといっしょに

警察犬アンズの事件簿　3

【ネコやしきのおじいさんの事件】
苦手なネコをアンズはどうやってこくふくするのか!?

事件File no.3

【発生日時】
10月　朝10時

【発生場所】
ネコがたくさんいる家

【内容】
朝、起きたら
おじいさんが
いなくなっている

実は犬のアンズには苦手な動物がいます。

それはネコです。
ネコにとっても犬は苦手な動物です。シェパードのような大型犬がいようものなら、そそくさとどこかへかくれてしまいますが、小さなアンズにはまったくおどろかないばかりか、威嚇《いかく》すらしてくるのです。

こんなことがありました。

アンズが認知症《にんちしょう》のお年よりの捜索《そうさく》で商店街《しょうてんがい》を歩いていたときのことです。歩道のまん中に黒いシルエットが見えました。アンズは気がついているのか、いないのか、そのシルエットにむかって進んでいきます。いよいよ、その距離《きょり》が二メートルになったとき、アンズがネコのにおいを感じたらしく、びっくりした様子で顔をあげました。ネコはシャーシャーと鳴いて、体をふくらませます。アンズはそのいきおいに、あっとうされてあとずさりし、わたしのところににげてきました。

それを見ていた警察官《けいさつかん》が「こらこら！」とネコを追いはらってくれましたが、アンズは足を小きざみにふるわせて「こわい」とうったえているように見えたので、これは捜索を中断《ちゅうだん》せざるをえないと思い、「すみません、アンズの作業意欲《いよく》がなくなり、作業が続けられません」とつたえたことがあります。

これがシェパードにもむかっていくアンズか？　とわたしはおどろきました。

このままネコをこわがっていては捜索《そうさく》ができません。わたしはなんとかしなければ、と作戦をねりました。

そうだ、近所にあるネコが十数頭いるネコやしきを使って訓練してみよう、と思いつきました。

さっそく、グレンとアンズをネコやしきに連れて行きました。

グレンはにおいをキャッチするとすぐにネコにむかってほえましたが、アンズは手も足も出ず、ちぢこまっています。

つぎの日も同じことをやってみましたが同じです。

さあ、どうしよう、と妻《つま》に話すと「母性《ぼせい》を利用したら?」と言われました。

アンズはむすめのエリーより優位《ゆうい》に立ちたいし、子どもを守りたいという気持ちが強くあります。この心理を利用しよう、ということなのです。

そうか、そういう手があるか、とわたしはさっそく、アンズとエリーをネコやしきに連れて行きました。

ネコが二頭、ひなたぼっこをしています。

それを見たアンズが「こわい！」と、わたしのところにやってきて、ふるえています。

ところがネコをはじめて見たエリーはおびえることなく、ほえながら、ネコにむかっていきます。ネコはそのいきおいにびっくりしてにげていきました。

「エリーよくやった」とエリーをだきあげてほめると、アンズも「だっこして」と何回もジャンプしましたが、無視《むし》しました。

アンズはエリーだけがほめられたことが気に入らないし、母親が子どもを守るべきなのに、子どもが先に前に出て行ったことをふがいなく思ったのでしょう。


つぎの日もエリーとアンズを連れてネコやしきに行きました。

ネコに気がついたエリーがほえながらもうぜんととっしんすると、アンズも負けまいとほえながら前へ出て行きます。二頭のいきおいにネコは退散《たいさん》です。

「アンズよくやった」

アンズはほめられてとくいげな顔をしました。


そのつぎの日も同じことをすると、ちゃんとできました。


つぎはアンズ一頭だけでちょうせんさせましたが、ネコにとっしんできました。これでネコへのきょうふはうすれたはずです。

つぎは捜索中《そうさくちゅう》にネコがいても無視《むし》できるように訓練することにしました。

近所のネコのいる家の前の道路に、わたしの足あとをつけて、アンズにそれを追わせることにしました。

アンズはネコのすがたを見つけるとほえます。

「ほえたら、いけない」とアンズのリードを強く引いても、アンズは命令を無視してほえかかったので、ふたたび、リードを引っぱって「いけない！」と強く命令。アンズは冷静さを取りもどしましたが、作業にはもどりませんでした。

この訓練を一週間に五日のペースで四週間続けました。四週間後には、ネコを見てもほえなくなりましたが、作業にはもどりません。それからさらに四週間後には、ネコのようすを目で追いながら、作業を続けられるようになりました。

ここまで三カ月。アンズのがんばりには頭が下がります。

アンズのネコ・デビュー

この訓練の成果がいかされた捜索がありました。

知的しょうがいをもったお年よりが、かいごしせつからむすめの家に一時帰《いちじき》宅《たく》しましたが、いなくなったとれんらくがありました。場所は町からすこしはなれた農村地帯です。この家にはたくさんのネコがいます。

現場《げんば》に着くと知り合いの鑑識課員《かんしきかいん》が近づいてきました。

「ごくろうさまです。行方不明者《ゆくえふめいしゃ》は昨日、ここにきたので、まったく土地かんがありません。むすめさんが朝、起こしにいったらいなかったとのことです。どこに行ったかさがしてください。ただし、この家には十頭ほどのネコがいて、自由に行ききしているんですけど、だいじょうぶですか？」

げんかんにネコが数頭、ねそべっているのが見えます。

「だいじょうぶです。アンズ、出番だぞ！」

アンズを連れてげんかんに行くと、ねころんでいたネコがあわてて家の中に入っていきます。あたりは強烈《きょうれつ》なネコのにおいがします。

ネコのにおいと行方不明者のにおいを区別できるか心配です。

原臭《げんしゅう》は行方不明者のスリッパです。アンズにかがせましたが、うろうろとして、「わからない」というサインを出してきます。

そこで、家からはなれた道路に連れて行くと、地面に円をえがくようにさがし始め、なんとかわかったようで歩き出しました。

歩いていると、先にネコがいました。

「まずい！」

アンズも気がついた様子ですが、チラチラと横目で見るだけで、作業を続けて、ネコの前を素通《すどお》りしました。

うしろを歩いている新米の捜査員《そうさいん》が、「すごい！　ネコがいてもだいじょうぶだ！　すごい集中力だ！」とおどろいていると、先輩《せんぱい》に「おまえより仕事意《い》欲《よく》があるぞ！」と言われていました。

アンズは県道に出て北の方面にむかったので、捜査員にこの方向をパトカーで捜索《そうさく》してほしいとおねがいし、そのまま数百メートル進むと、同行している警察官《けいさつかん》の無線機にれんらくが入りました。

「行方不明者《ゆくえふめいしゃ》を発見しました。〇〇工場付近です」

先行したパトカーがほごしたとのほうこくでした。おじいさんは県道のわきにうずくまっていたとのことです。

「すごいですね！　ごくろうさまでした」

アンズは意気揚々《いきようよう》と帰宅《きたく》。

わたしも特訓の効果《こうか》が出て、うれしかった。

これでネコがいる捜索《そうさく》もだいじょうぶです。

でかしたぞ、アンズ！

鈴木さんにだっこされてごきげんです

警察犬アンズの事件簿　4

【あき地で亡《な》くなったおばあさんの事件】

小さいからできることが こんなにあるよ、と アンズはぐんぐん前へ

事件File　no.4

【発生日時】
1月　朝8時

【発生場所】

おばあさんの家

【内容】
80代の女性が
自宅そばの
あき地で死亡。
殺人か事故か？

今日は雪でもふるのではないか、と思うくらい朝から冷えこみます。

朝食をとっていると警察《けいさつ》から電話がかかってきました。

「事件《じけん》です。警察犬の出動、おねがいできますか？」

「だいじょうぶです。出動できます」

事件のくわしいことは、また、れんらくがくるというのですぐに身支度《みじたく》です。

その間に妻《つま》が犬の飲み物やおやつを用意してくれます。

わが家にはシェパードのグレンとディーン、バロンがいます。

わたしが警察からの電話に出ると、みんな気がついて、いっせいにほえます。

「出動したい」とアピールしているのです。だれにしようかまよいましたが、グレンを車のうしろに乗せました。


ワンワンワーン！

すると、アンズがすごいいきおいでほえます。

「アンズもいきたいのか？　よし、行ってみるか？」

アンズはまだ新米警察犬です。実績《じっせき》もないし、警察官から「こんな小さな犬にできるの？」といつも言われています。でも、だからこそ、事件現場《げんば》に出て、たくさんの経験をして、みんなにみとめてもらうしかないのです。

「さあ、出発だ！」

空を見上げて気合いを入れると、妻があたたかいお茶の入ったポットを手わたしてくれました。

「寒いし、路面もこおってるかもしれないから、気をつけてくださいね」

北にむかって車を走らせます。

とちゅう、警察《けいさつ》の担当者《たんとうしゃ》が現場《げんば》の住所をれんらくしてきました。わたしは道路わきに車をとめて、ナビに住所を入力し、ふたたびアクセルをふみました。

一時間ほど走ると、警察官が交通整理しているのが見えました。その警察官のそばに車を一時停止させ、「警察犬です」とつたえると、「ごくろうさまです」と立ち入り禁止《きんし》の規制線《きせいせん》の黄色いテープの中に入れてくれました。

車からおりると雪まじりの風がふきつけてきます。息が白く、メガネがくもります。地面をふみかためるようにドンドンと足ぶみをしていると、顔見知りの鑑識課員《かんしきかいん》が近づいてきました。

鑑識課員はだれも事件現場に入らないうちに作業する必要があるので、いつも一番にかけつけます。今は女の人も多く、ときどき現場でいっしょになることがあります。

「ごくろうさまです。寒い中、ありがとうございます」

わたしは国道のわきに立ったまま、説明を聞きました。

「早朝、新聞配達員がこの先のあき地で、頭から血を流して、うつぶせでたおれているおばあさんを発見して、警察にれんらくしてきました」

「はい」

「このおばあさんの家はあき地から五十メートルぐらいのところにあります。だれかにおそわれたのか、それとも事故《じこ》なのか、わかりませんが、家の茶の間のコタツのあたりにも血こんがありました。おばあさんがどこでたおれて、どこを歩いたのか、その足取りをさがしてほしいんです」

「わかりました。おばあさんの足取りをたどればいいんですね」

グレンの追及《ついきゅう》

わたしはグレンを出すことにしました。グレンは今までたくさんの事件《じけん》をかいけつしてきたシェパード。警察《けいさつ》からあつい信頼《しんらい》があります。

「グレン、行くぞ！」

捜査《そうさ》開始です。

まず、せまくてゆるい坂を二十メートルほどあがっていきました。さらにすこし行くとあまり広くないあき地が見え、白いテープで人型のしるしをしてあるのがわかりました。おばあさんのたおれていた場所です。

このあき地から、おばあさんの歩いたあとをグレンがたどります。原臭《げんしゅう》はおばあさんのくつのにおいです。

原臭をかいだグレンが、鼻を地面につけて、ぐいぐいと歩き始めました。

すこし行くと右にまがり、おばあさんの家の庭に入りました。そして、茶の間にめんしたガラス戸の前ですわりました。


この警察犬の動きを見て、鑑識課員《かんしきかいん》がこう言いました。

「そうか……、おばあさんは家で何者かにおそわれて、助けをもとめてにげて、あのあき地で力つきたか」

たしかにグレンの動きからはそう読めますが、ちょっとちがう気もします。


わたしはアンズがどんな作業をするのか、試してみたくなりました。


鑑識課員におねがいしてみました。

「ちがう犬で、もう一度やらせてみたいのですが？」

「いいですよ。だれを出すのですか？」

「アンズを使ってみようと思います」

わたしは車にもどり、アンズをだいて現場《げんば》にもどりました。
すると、鑑識課員《かんしきかいん》がおどろいています。
「え！　この犬を使うんですか？」

アンズが警察犬《けいさつけん》になったことはすこしずつ、知られてきましたが、まだ事件《じけん》現場での作業を見た人はあまりいません。

「この犬も警察犬ですよ」とわたしが言っても、信じていないようです。
「えええっ！　こんな小さいのに？　だいじょうぶですか？」
「だいじょうぶです、ちゃんと訓練していますから！」

さて、アンズのお手なみはいけんとなりました。

アンズのがんばり

おばあさんがたおれていたあき地にアンズを連れて行きました。

「アンズ、さがせ」と命令。

原臭《げんしゅう》をかぐと地面に鼻をつけて、一心不乱《いっしんふらん》ににおいをさがし始めました。全神経《ぜんしんけい》をにおいに注力し、わき目もふらず前進、集中力全開です。

ところがアンズは歩き始めたと思ったら、一メートルほどですわりました。

なんだろう？

アンズがすわった場所を見ると、直径《ちょっけい》三ミリほどの血こんがありました。

「血こん、発見しました」

そのあと、おばあさんの家に着くまでに三十ほどの血こんを発見。これでおばあさんがあき地から家までの間を、ポタポタと血をたらしながら歩いたことがわかりました。

「小型犬のほうが血こんの発見にすぐれていますね！」と、鑑識課員《かんしきかいん》が感心しています。

「おばあさんは、なにかがあってケガをして、茶の間のガラス戸から庭に出た。そして、助けを求めて、国道まで行こうとしたけれど、あのあき地で力つきたと見るべきだな！」と捜査員《そうさいん》が話しているのが聞こえました。

「よし、アンズ、よくやった」

たしかにアンズは体が小さい分、鼻が地面に近いので、シェパードのグレンが見のがすような小さいものをよく発見します。

アンズのさらなる追及《ついきゅう》

「さあ、今日の作業は終わりだ。帰ろう」

アンズを連れて、車にもどろうとすると、とちゅう、「ごくろうさまでした」と鑑識課員から声をかけられました。おばあさんの家の庭ではまだ鑑識作業が続いているのです。わたしはじゃましないように、そっと横を通りました。


すると、とつぜん、アンズがげんかんの前ですわりました。

すわる——というのは、なにかを見つけた、というアンズの合図です。

「なにやってるんだ、アンズ。帰るぞ」

わたしの顔をじっと見て、アンズは動きません。

「どうしたんだ、帰るぞ！」

アンズは鼻を下げています。「ここを見て」と言っているようなので、わたしもしゃがんでその鼻の先を見ました。


「ん――……あれっ、血こんじゃないか？」

わたしが声をあげると、鑑識課員《かんしきかいん》がよってきました。

「どこですか？」

「アンズの鼻先に黒いシミがあるんですよ」

「これは血こんです。だけど、さっきの血こんより時間がたってますね」


新たな血こんの発見に、あたりがさわがしくなりました。

「まだ、あるかもしれません。もっと警察犬《けいさつけん》に調べさせてもらえますか？」

もちろん、ここで帰るわけにはいきません。

その後、アンズはつぎつぎに血こんを見つけながら道路を進みました。するとすこし先にネットをかけられたゴミ収集場《しゅうしゅうじょう》が見えてきました。

ダ――――――ッ！

とつぜん、ゴミ収集場にむかって走り出すアンズ。ゴミ収集場前のブロックべいの前ですわり、へいのにおいをかいでいます。

よく見ると、ブロックべいのはじのほうに黒いベタッとしたものが、下まで流れるようについているのがわかりました。

鑑識課員がめんぼうでこすり取り、「血のようだ」と言いました。

アンズのねばり

その間、アンズはしきりにゴミ収集場の右はしにおかれたゴミぶくろのにおいをかいでいます。

ははん、これはおばあさんがすてにきたものかもしれないなあ。

わたしはアンズの様子を読みとり、ほうこくしました。

「アンズが、このゴミぶくろに、おばあさんのにおいがついていると言っています」

と同時に、ブロックべいを点検《てんけん》していた鑑識課員《かんしきかいん》が大声をあげました。

「おばあさんの頭のきずと、このブロックべいのかどの形がにています！」

「おばあさんはここにたおれて、ぶつかったのか!?」

最終的にはくわしい検査《けんさ》が必要になりますが、ブロックべいについている血はアンズが地面で見つけた血こんと同じものであることが現場《げんば》の検査でわかりました。

「ということは……」

鑑識課員が推理《すいり》します。

「おばあさんが早朝、ゴミ収集場《しゅうしゅうじょう》にきて、ネットを持ちあげたときにバランスを失って、後頭部をブロックべいにぶつけた。それで、血が出たまま家にもどり、茶の間で横になっていたが、体に異常《いじょう》を感じて庭におりて、国道まで助けをもとめて歩いているとちゅうで力つきたということですかね」

「そう考えられそうですね」

小さい犬だからこそ、見つけられた小さな血こん。

アンズならではのねばりです。もしかしたら、先に出動したグレンに負けたくないという気持ちがアンズをはりきらせたのかもしれません。

アンズにはくやしさをバネにして、がんばる気持ちの強さがあります。

事件《じけん》はかいけつしました。

それは二頭の警察犬《けいさつけん》がおばあさんの足取りをたどり、人間には気がつかない小さなしょうこをいくつもあげたからです。

車にもどったアンズは、どこかほこらしげでした。

「わたしの活躍《かつやく》、見た？　グレンは血こん、見つけられなかったでしょ？」と言わんばかりです。

「よーし、アンズもグレンもよくやった。アンズもがんばったな」

こうしてアンズの出動は無事、終わりました。

わたしもホッとしました。実はどこまで体力や集中力がもつのか、わたしにもわかっていませんでした。でも、アンズはわたしが思っている以上の力を発《はっ》揮《き》しました。

これから、わが家の警察犬《けいさつけん》のメンバーとして、期待できそうです。

おつかれさま、アンズ！　そして、グレン！

鼻を地面につけて、においを追うアンズ

警察犬アンズの事件簿　5

【はちあわせしたどろぼうの事件】

人も多くて、においもすごい繁華街《はんかがい》でもねばり強くさがせるようになった！

事件File　no.5

【発生日時】
4月　夜10時

【発生場所】
姉妹《しまい》のアパート

【内容】
空き巣《す》に入った
どろぼうが、住人と
はちあわせして逃走《とうそう》

夜十時。電話のよび出し音です！

「窃盗事件《せっとうじけん》です。出動おねがいできますか」

「だいじょうぶです」

「グレン、行くぞ！」

わたしがグレンを起こし、うんちをさせ、車に乗せようとすると、アンズが今までに聞いたこともないくらい大きな声でほえました。

「わかった、わかったよ。よし、アンズも車に乗れ！」

アンズのやる気をかって、連れて行くことにしました。

いつもなら渋滞《じゅうたい》している道路も深夜は交通量がすくなく、あっという間に現場《げんば》に着きました。アパートの前の道路には警察《けいさつ》の車がとまり、鑑識課員《かんしきかいん》がアパートのまわりで作業をしているのが見えました。

わたしが車からおりると、すぐに「ごくろうさまです」と顔見知りの鑑識課員が近づいてきました。

「姉と妹の二人が住む、このアパートに何者かが侵入《しんにゅう》して、物色しているときに妹が帰宅《きたく》。はちあわせになり、犯人《はんにん》が逃走《とうそう》しました」

「原臭《げんしゅう》はありますか？」

「原臭は、まどからとび出したときに地面についた足あとがあります」

「それではその足あとの上に白いぬのをかぶせて、五分ほどそのままにして、移行臭《いこうしゅう》を取ってください」

人の足あとのにおいは、しもんのように人それぞれちがいます。そのにおいはくつを通して、土の上にしばらく強く残ります。それをぬのにうつし、原臭《げんしゅう》とするのです。

においを採取《さいしゅ》している間に、「さて、今日はどの犬を使おうか」と考えました。

「ここは繁華街《はんかがい》に近くて、まだ人通りがある時間だから、アンズにしようか」

シェパードが夜の街《まち》を歩くと、みんながおどろきますが、アンズなら、夜のさんぽという感じでだれも気にしません。わたしはアンズを連れてきてよかった、と内心、思いました。

アンズを車からおろすと、「ええーっ、この犬ですか⁉」と警察官《けいさつかん》がおどろきましたが、すぐそばにいた顔見知りの鑑識課員《かんしきかいん》が、「きょうはアンズですか！

この間はがんばったもんなあ、たのむよ！」とはげましてくれます。

もちろん、アンズのことを知っている警察官はほとんどいないし、まだ警察犬は大型犬と思っている警察官が多いのが現実《げんじつ》ですから、おどろかれるのも無理はありません。


原臭の用意ができました。

アンズの根性《こんじょう》

アンズににおいをかがせ、「さがせ」と命令。

アンズはアパート前の大きな道路の歩道をいっしょうけんめい、鼻を下げてにおいをたしかめながら前に進み、三百メートルほど進んだところでピタッと停止《ていし》。

わたしの顔を見て、「においがうすい」とうったえているように見えたので、もう一度、原臭《げんしゅう》をかがせました。

それでも、アンズはまだうろうろして前に進みません。

今度はアンズを道路のすこし先に連れて行き、もう一度「さがせ」と命令しました。

フゴフゴフゴ

においをとらえたようで、顔を見上げて「おとうさん、あったよ」と言わんばかりに、首を左右にふりながら進んでいきます。

六十メートルほど進むと、またアンズがピタッととまりました。

そこはスーパーマーケットの出入り口です。


「どうしたんですか？」と同行の鑑識課員《かんしきかいん》が聞いてきました。

店の前に大きなネコがふせて、こちらを見ています。アンズよりずっと大きく、なんだか強そうです。

ジ――――

シ――――

アンズとネコのにらめっこが始まりました。

わたしがどなるとアンズはふたたび鼻を下げて前進を開始。ネコはじっとアンズから目をはなしません。アンズもチラチラとふりむいていますが、やりすごして通りすぎました。

「アンズ、仕事！」

繁華街《はんかがい》に入りました。

食べ物のにおい、人のにおいなど、いろいろなにおいがしてきます。

いいにおいがただよってきました。やき鳥のにおいです。

まずい！

あんのじょう、アンズの歩みがとまって、鼻をあげて、ただよってくるにおいをかぎ始めました。もちろん、同行の警察官《けいさつかん》も気がついた様子です。

「アンズ、夕ごはん、食べたてでしょう」とわたしがアンズに言うと、警察官が「こんなおいしそうなにおいがしてきちゃあ、無理だよな！」とわらっています。

「ここではにおいを追いかけられないので、すこし先から作業します」と警察官につたえ、わたしはアンズをだきあげて、やき鳥屋の数十メートル先まで歩き、そこでアンズをおろしました。

ここなら、もうにおいはしません。

もう一度、アンズに原臭《げんしゅう》をかがせて、「さがせ」と命令しました。アンズはしばらくうろうろしていましたが、なんとか見つけて、前進し始めました。

うしろを歩く警察官が本部にほうこくする声が聞こえました。

「かなり追及《ついきゅう》しています！　すでに一キロはこえています」と。

アンズ、パチンコ屋にとつにゅう

あたりが明るく、にぎやかになりました。

駅前の飲食店街《いんしょくてんがい》です。

犯人《はんにん》はほんとうに、こんなにぎやかなところににげてきたのでしょうか？

アンズは歩道を数百メートル進むと、立体駐車場《ちゅうしゃじょう》に入っていきました。スロープをのぼり、大型パチンコ店のうら口の前にくると、店内に入りたいというたいどをしめしましたが、もう閉店時間をすぎています。

「警察犬がパチンコ屋の中に犯人が入ったと言っています」

わたしがそうつたえると、警察官が店のインターホンをおしました。

「店長さんいらっしゃいますか、警察《けいさつ》です」

「はい、店長ですが、なんでしょうか？」

「事件《じけん》の関係者がこの店内に入った可能性《かのうせい》があるので、店内を警察犬にて捜査《そうさ》させてもらいたいのですが？」

「わかりました。今、あけます」


時刻《じこく》は十一時をすぎています。

シャッターが上がり、店長がガラスのドアをあけてくれました。

店内からは、パチンコ玉の流れる大きな音がなりひびいてきます。明日の準備《じゅんび》をしているのでしょう。まだ、スタッフのすがたがあります。


「アンズ、さがせ」

おそるおそる店内に入るアンズ。

なにがあったのか？　とスタッフがこちらを見ています。

「ええー、警察犬って、このちっちゃいトイプードル？」

「だいじょうぶなの？　こんなかわいい犬で？」

「あれれ、でも、すごいよ。こんなうるさいのに、ゆかのにおいをかいでいる！」

「うちのチワワなら、このうるさい音にビビッて、一歩も動けないよ」


アンズはゆかがすべるようで、うしろ足を取られながら、スロットゲームコーナーを通過《つうか》し、パチンココーナーにむかいました。

そして、まん中あたりの一番はじの台の前ですわりました。

そのゆかの上には、おかしの食べかすがちらかっています。


「あれあれ、おかしがこぼれてるから、すわったのか？」

「そうだよな、おかしは好きだよな！」

同行の警察官が言っているのが聞こえます。

そんなことはありません。アンズにはこんなゆうわくを無視《むし》する訓練をてってい的にやってきました。

すわっているアンズにもう一度、「さがせ」と命令。

アンズはスクッと立ち上がり、ふたたびゆかに鼻をつけてにおいを追い始めました。

そして、通路のはしにある自動販売機《はんばいき》の前ですわりました。

「あれ、ここにはおかしの食べかすはないな」

犯人《はんにん》はここで飲み物でもかったのでしょう。

わたしは警察官《けいさつかん》に「この店内の防犯《ぼうはん》カメラの映像《えいぞう》をかくにんしてください。はじっこの台の席と自動販売機がうつっているものを」とつたえました。

警察官は「わかりました。しらべます。ごくろうさまでした。かなり歩きましたので、むかえにこさせましょうか？」と言ってくれました。

「おねがいします」

数分でパトカーがやってきたので、わたしはアンズをだいてパトカーの後部座席《ざせき》に乗りました。

パチンコ屋の外に出ると、やじ馬がたくさんいました。

パトカーの中で、最初にアンズのことをおどろいた警察官がこう言いました。

「小さな犬が活躍《かつやく》するのを見るのは、わたしの長い警察官人生の中ではじめてです。アンズちゃん、さっきは失礼しました」


つぎの日、防犯カメラにうつっていた男がつかまりました。

アパートからにげたあと、二キロはなれた駅前でパチンコをしたようです。

今、犯罪《はんざい》のかいけつに防犯カメラはかかせません。

駅や道路、建物の入り口、コンビニのまわりなどたくさんの場所に取りつけられ、記録《きろく》された映像《えいぞう》は大きな手がかりとなります。

事件《じけん》が起き、早く場所を特定したいとき、たくさんある防犯《ぼうはん》カメラのどれからかくにんしていいか、見当がつかないことがあります。そんなとき、警察犬《けいさつけん》は犯人《はんにん》の足取りから、どこの防犯カメラをかくにんしたらいいか、しぼりこむヒントをくれます。

つまり、警察犬は効率《こうりつ》よく捜査《そうさ》を進めるための判断材料《はんだんざいりょう》をくれるのです。

今、警察の捜査も科学的になってきましたが、まだ、「におい」についてはよくわからないことも多く、こうして警察犬の嗅覚《きゅうかく》が必要とされています。

今日もパチンコ屋の防犯カメラにたどりついたことが、事件かいけつの決め手になりました。

でかしたぞ、アンズ！

訓練中のアンズ。においをたどっています

【家からいなくなったおじいさんの事件】

においがない交差点でもアンズはさがすことができた！

事件File no.6

【発生日時】
7月　午後3時

【発生場所】
おじいさんの家

【内容】
84歳のおじいさんが一人で家を出て行き、帰ってこない

子どもたちは夏休みに入り、元気にラジオ体そうに行くすがたが見られます。今日も朝から暑く、テレビの天気予報《よほう》は「熱中症《ねっちゅうしょう》に気をつけてください」とよびかけています。

おひるごはんを食べたあと、犬の訓練のために、車で十分ほどの公園に出かけました。ここは広くて、あまり人のすがたがないので訓練にぴったりです。

さあ、始めようかというときに、ポケットの中のけいたい電話がなりました。

「警察《けいさつ》ですが、出動をおねがいできますか？」

わかい警察官の声です。

「出動できます」

わたしは家にもどり、身支度《みじたく》をいそぎました。

今回の捜索《そうさく》は、家からいなくなったおじいさんをさがす、というもの。

きっと町の中を歩くことになるだろう、とシェパードのディーンだけでなく、アンズも連れて行くことにしました。

アンズはすっかり、わたしのあいぼうになりました。事件《じけん》の状況《じょうきょう》におうじて、小さな犬が必要なときに出動させるために欠かせないそんざいになっています。


「ディーン、アンズ、行くぞ」

二頭を車に乗せ、水をたっぷり持って出発です。

午後になって、気温が高くなり、車に乗っているだけであせばみます。

これからさがすおじいさんは、町の中のどこかをぼうしもかぶらず、水も持たず、あてもなくフラフラと歩いているのでしょう。熱中症《ねっちゅうしょう》も心配です。

車を三十分ぐらい走らせると、道路わきにパトカーが見えてきました。車をよせると、鑑識課員《かんしきかいん》が近づいてきました。今日の鑑識課員は女の人です。

「状況《じょうきょう》を教えてください」と、わたしは言いました。

「八十四歳のおじいさんです。認知症《にんちしょう》がありますが、げんきです。家からいなくなったのは一時間ほど前で、げんかんにくつが残されてるので、はだしで出かけたのではないか、と思われます。今までも何回か、こうしたことがあり、そのときは家の人が発見していたとのことです。でも、今回はさがしても、どこにもいなくて、警察《けいさつ》にれんらくがありました」

鑑識課員は、こう教えてくれました。

アンズの出番

原臭《げんしゅう》はおじいさんのくつです。

車にもどり、予定通りアンズを使うことにしました。

「アンズ、においをかげ」

おじいさんの家のげんかんの前で、アンズにビニールぶくろに入ったおじいさんのくつのにおいをかがせました。

フッフッフゴ……

アンズはふくろの中につっこんだ鼻をならして、においをかいでいます。そのすがたは、まるで情報収集《じょうほうしゅうしゅう》に集中している捜査官《そうさかん》のようです。

なにしろ、このにおいが情報《じょうほう》のすべてなのです。このにおいだけをたよりに、においの主を見つけるのが、アンズとわたしに課《か》せられた仕事です。

アンズがふくろから顔を出したのをみはからって、声をかけました。

「アンズ、さがせ！」

その声で、アンズはすぐにげんかんを出て左にまがり、道路に出ました。鼻を地面にこすりつけるようにひくくし、おじいさんのにおいを追います。すこし進むと、大通りとの交差点に出ました。ここでアンズがはたととまりました。

「どうした？　アンズ」

わたしを見上げ、「においがない」と言っているようです。

わたしは同行の鑑識課員《かんしきかいん》につたえました。

「交差点なので、車のタイヤでにおいが消されていて、においが取れません。むこうにわたって、もう一度、においをさがさせます」

道路のむこう側にわたり、わたしはアンズにもう一度、ビニールぶくろに入ったおじいさんのくつのにおいをかがせました。

「さがせ」

アンズはしばらく、その場で円をえがくようにぐるぐると、においをさがしていましたが、道路のはじににおいを見つけたようで、東にむかって進み始めました。

フゴフゴフゴ、サッサッサ

その足取りに、ためらいはありません。

「ぜったいにこっちの方向」と言わんばかりに進みます。

ぐいぐいと一歩一歩、その力が自信となって、わたしにつたわってきます。

まるでそこに引かれた一本の線が見えているかのようです。


線路ぞいの道をさらに五十メートルぐらい進むと、行きどまりで国道とぶつかりました。また、においが取れなくなりました。

わたしは同行の鑑識課員《かんしきかいいん》につたえました。

「アンズの様子では、においがないと言っています」

「そうですか。この道は交通量がかなり多いですから、においもとれないかもしれませんね」

鑑識課員も事情《じじょう》をわかってくれました。


わたしがもう一度、原臭《げんしゅう》をかがせようか、と思っていると、アンズがなにかをキャッチしたようで、クンクンクンと鼻をアスファルトの道路にこすりつけながら、ふたたび歩き始めました。

どこまで行くんだ？

しばらく行くと、アンズは住宅地《じゅうたくち》へ入っていきました。家のへいが続いています。

す――――ッ

アンズは空を見上げるように鼻をあげました。そして、空気中にただようにおいを二、三回、大きくすいこんだかと思うと、走り出しました！

「どこへ行くんだ、アンズ！」

わたしたちもついていきます。

アンズは一軒《けん》の家に入っていきました。

そこは行方不明《ゆくえふめい》のおじいさんの家です！

家のわきを通って、うらの庭にむかっています。

クイーンクーーーーン

アンズの声が聞こえます。

わたしたちが家の庭に着くと、アンズがしっぽをふってないています。


アンズの目の前の植えこみから、黒いズボンとくつ下が見えます。


「あっ、人がたおれている！」

「おじいさんがいた！　行方不明者、発見！」

わたしのうしろにいた捜査員《そうさいん》がどなりました。

そこには植えこみの中であおむけにたおれている、おじいさんがいました。

アンズはおじいさんのそばに走りより、おじいさんの顔をペロペロなめています。

すこしすると、おじいさんが気がつきました。


見つかった！

生きていて、よかった。


「おじいちゃん！」

家の人がさけびながら、おじいさんにかけよりました。

「だいじょうぶ？　心配したのよぉ」

そう言いながら、家の人がおじいさんの体を起こしました。アンズはまだ、おじいさんの手をペロペロとなめています。


おじいさんの黒いズボンは、ひざのあたりがよごれていましたが、けがもなく、げんきそうです。
「ありがとうございました」
家の人が何度も何度も頭を下げました。

おじいさんが家に入ると、家の人が外に出てきました。

そして、わたしにだかれているアンズに声をかけてくれました。
「こんな近くにおじいちゃんがいるとはだれも思いませんでした。よくさがしてくれましたね。さすが、警察犬《けいさつけん》です。本当にありがとう」

アンズもうれしそうです。

「今日はごくろうさまです。なにより、行方不明者《ゆくえふめいしゃ》が無事でよかったです。さあ、わたしたちも引きあげましょう」

捜査員《そうさいん》とそんな話をしながら、わたしたちも車に乗りこみました。

最近、ふえている高齢者《こうれいしゃ》の行方不明者捜索《そうさく》ですが、警察にれんらくしたら、パトカーや大きな警察犬がきて、近所の人に知られてしまうから、警察のおせわになるのはいやだ、という家族もすくなくない、と聞きます。

ということは、これからはアンズのような小型犬が必要とされるかもしれません。トイプードルなら、まるでさんぽをしているように、行方不明者をさがすことができるからです。

今まではすべての事件に大型犬のシェパードを使ってきましたが、アンズが役に立つようになりつつある今では、強盗《ごうとう》や殺人《さつじん》などの刑事事件《けいじじけん》のときはシェパードを、行方不明者や町中での捜索のときは小型犬を、と使い分けることができるようになりそうです。

まさに適材適所《てきざいてきしょ》です。
アンズには教えられることが多いなあ、とつくづく思います。

でかしたぞ、アンズ！

今日も帰りの車の中、アンズの小さな寝息《ねいき》が聞こえてきました。

事件がかいけつして
アンズもホッとしているでしょう

警察犬アンズの事件簿　7

【いなくなった女の人の事件】

足を血でまっ赤にしながらさがしたのに、落ちこむアンズ

事件File　no.7

【発生日時】
9月　朝6時

【発生場所】
公園前の路上

【内容】
女の人が
自宅から失踪《しっそう》。
乗っていた車は発見

朝六時。

まくらもとのけいたい電話がなりました。

「女の人が行方《ゆくえ》不明《ふめい》です。朝、起きたらいなくなっていたと家族から捜索《そうさく》ねがいが出されています。出動ねがえますか。現場《げんば》は、○○公園が目印です」

「わかりました。その場所なら、一時間で行けます」

わたしは電話を切り、身支度《みじたく》を始めました。妻《つま》が犬たちに朝食をあたえ、うんちをさせています。

さあ、出発です。アンズとディーンを連れていきます。

今日はいそがないと、たいへんなことになると、なんだかむなさわぎがします。

車の中でおにぎりをほおばりながら、公園にむかいました。パトカーが見えたので、車をとめると知り合いの警察官《けいさつかん》が近づいてきました。

「おはようございます。ごくろうさまです」

「おはようございます。さて、状況《じょうきょう》をおしえてください」

しめった風がふいています。

「○○市に住む家族から、朝、起きたら、七十代の祖母《そぼ》がいなくなっていて、その人の車もなくなってると通報《つうほう》がありました。車は巡回中《じゅんかいちゅう》にこの公園前の路上で発見しましたが、周辺をさがしても見つかりませんでした」

「わかりました。いそぎましょう」

「原臭《げんしゅう》は、行方不明者《ゆくえふめいしゃ》がふだんはいているくつを用意しています」

車にもどり、アンズにリードをつけました。市内なので、目立たないほうがいいというはんだんです。

「アンズ、一、二、一、二」と声をかけると、おしっこをしました。

「それでは、捜索開始《そうさく》します」

わたしはアンズに原臭である行方不明者のくつのにおいをかがせました。

そして、行方不明者の車の運転席側の地面をさして、アンズに「さがせ」と命令しました。行方不明者はここで車をおりたはずです。

いったい、どこへ行ってしまったのでしょうか。

アンズは地面のにおいをいっしょうけんめいにかいで、原臭と同じにおいをさがしていますが、なかなかにおいが取れないようです。地面の上を半円をえがくようにぐるぐると移動しています。

それを見ていた捜査員《そうさいん》が、「どうしたのですか？」と声をかけてきました。

「多分、この車を発見したとき、警察《けいさつ》の関係者が何人かやってきたのではないかと思います。その人たちのにおいがついてしまい、においが取りにくくなってしまっているようです。まあ、こういうことはよくあるので、そのための訓練もしていますから、そのうち発見すると思います」

関係者のにおいの上書き――現場《げんば》ではよくあることです。

アンズは車から数メートルはなれた地面をぐるぐると半円をえがきながらさがしていましたが、すこしはなれたところで足の動きがとまり、地面の一カ所を入念にかいでいます。

「行方不明者《ゆくえふめいしゃ》のにおいが取れたようです。行きましょう！」

行け、アンズ

アンズは鼻を地面につけたまま、一歩一歩、歩き始めました。川に出ました。手前に土手があり、アンズはそのしゃ面をのぼっていきます。のぼると、その下に河川じきが見えます。台風で河川じきにはたくさんの流木やゴミが流れこみ、立ち入り禁止《きんし》のふだがぶらさがっています。

アンズは立ち入り禁止の中へと進みます。ここは洪水《こうずい》で運ばれてきたどろが積もって、ぬかるみになっています。人はとても歩けそうにありません。

アンズの足がピタッととまりました。

「どうしたんだ？」と捜査員《そうさいん》が声をかけてきます。

アンズの目の前の地面には、くっきりと小さいくつの足あとが見えました。

「この足あとは行方不明者のものと思われます」

「捜索《そうさく》再開します！」

わたしはそうつたえ、歩き始めました。

足あとは川のほうにむかったかと思うと、また土手のほうにもどってきています。

そして、さらに土手を進むと、また川にむかい、土手にもどった足あとがありました。行方不明者は川と土手を行ったりきたりしたようです。

「この人は、川に出たいようです！」

「そうですか。でも、かくにんしようにも、流木とゴミが積みあがっていて、とても入れそうもありませんね！」

捜査員《そうさいん》とわたしはそんなことを話しながら、ほかのところに足あとがないか、さがしました。

うーん。

この足あとを見ると、この行方不明者《ゆくえふめいしゃ》は最悪なことを考えているおそれがありそうです。

「早く見つけてやらないと！」

アンズの勇気

わたしがアンズのリードをぐっとにぎると、捜査員がこんなことを言いました。

「じつは、この女の人はうつ病で通院しているんですよ！」

それじゃあ、いそがないと！

アンズはそのまま土手の上を歩いていましたが、百メートルほど下流に進んだところでとまりました。

うしろから追いかけてきた捜査員が「どうしてとまったんですか」と聞いてきました。

わたしは「ここから川にとびこんだかもしれない、と警察犬《けいさつけん》が言っています」と答えました。

川は大きくカーブしていて、先のほうまでは見えません。

「どこか河川じきにおりられる場所をさがしましょう！」

時間がない！

わたしたちはいそぎました。

河川じきに出るには、バリケードのように積みあがった流木の間をぬけるしかありませんが、土手の上から見ているより、バリケードは高くて、とても分けいって入れそうにありません。

アンズがいる！
この小さいアンズなら、くぐりぬけられそうなすき間があります。
アンズはじーっとバリケードを見ています。いや、バリケードの先を見ているようです。

「アンズをむかわせます」

わたしは行方不明者《ゆくえふめいしゃ》の原臭《げんしゅう》をもう一度、アンズにかがせました。

「ええ！　せまいし、足場も不安定できけんそうですよ！　だいじょうぶですか？」と同行の捜査員《そうさいん》が心配そうに言います。

「だいじょうぶです。これだけのすき間があれば、通りぬけられるし、アンズはかるいので流木の上をジャンプしながら進めます！」

「アンズ、さがせ！」と命令。

まさに小型犬の本領発揮《ほんりょうはっき》。スケールメリットをいかしての前進です！

「よし、行け、アンズ！」

アンズはまってました、とばかりに流木の上をピョンピョンとジャンプしながら進んでいきました。

「キャイン！」

とつぜん、すがたが消え、アンズの悲鳴が聞こえました。

「アンズ、どうした！」

アンズの行ったほうを見ると、足をすべらせてみぞに落ちたようで、流木の上で足をバタバタさせて、もがいているのが見えました。でも、なんとかするだろうと見ていると、ちゃんと立ち直って、かけだしました。

とにかく、わたしたちも川にまで出なければなりません。みんなで協力してたおれた流木を持ちあげ、かき分けながら進むことにしました。

ワンワンワ――――ン！
ワンワンワ――――ン！

すこしはなれたところから、また、アンズのなき声が聞こえました。

さっきの声とちょっとちがいます。

「多分、アンズが行方《ゆくえ》不明者《ふめいしゃ》を発見したので、ほえているんだと思います！いそぎましょう！」

わたしたちは無我夢中《むがむちゅう》で進みましたが、流木に行く手をはばまれ、どろに足をとられ、思うように進むことができません。

なんてことだ、とあせっていると、また、アンズの声です。

「クイーン、クイーン……」

また、なき声が変わりました。

わたしたちはバキバキと木のえだをふみつけ、人ひとりが通れるルートをさがしながら、しんちょうに進みました。

「クイーン、クイイーン」

その間もアンズの声がひびきわたります。

ようやくアンズのすがたが見えました。二十メートルほど下流の川岸にいます。川の中を見て、ほえています。

……なにを見ているんだ⁉

わたしたちはようやく、アンズのそばにかけつけることができました。

「アンズ、どうした？」

「なにが見えるんだ⁉」

アンズの視線《しせん》の先を見て、わたしたちは絶句《ぜっく》しました。

アンズの落ちこみ

女の人の足だ！

川の中に見えるぞ！

「発見!!」


うしろから来た捜査員《そうさいん》がどなりました。

一人が冷たい川の中に入り行方不明者《ゆくえふめいしゃ》を確保《かくほ》。続いて若い捜査員も川の中に入り、いっしょに行方不明者を引き上げました。捜査員がすぐに人工呼吸《こきゅう》をこころみましたが、すでに死亡《しぼう》しているとのことでした。


そのようすをじっと見つめるアンズ。足のうらから出血したようで、足がまっ赤にそまっています。なにかで切ったのでしょう。

わたしはハンカチを取り出し、きず口をおさえました。

その間もアンズは全身をふるわせています。

数分後に救急車《きゅうきゅうしゃ》のけたたましいサイレンが聞こえてきました。消防署《しょうぼうしょ》の救命救急士が行方不明者《ゆくえふめいしゃ》の死亡《しぼう》をかくにんし、現場《げんば》はブルーシートでおおわれました。

土手の上には、たくさんの人が集まっています。

「ごくろうさまでした」と捜査員《そうさいん》と消防隊員《たいいん》が声をかけてきました。

きた道をもどる間もアンズはふるえています。

つかれたのでしょう。

わたしもつかれました。

家にもどりました。

「おかえりなさい」と妻《つま》が出むかえてくれました。

「アンズ、がんばったね」

いつもなら一目散《いちもくさん》に妻のそばにかけよって、おなかを出して「おかあさん、仕事をしてきたんだよ！　ほめてね！　おなかをさすってよ！」とあまえるしぐさを見せますが、この日は目をふせたまま、じっとしています。

自分からケージに入り、うずくまっています。


こういうことは前にもありました。

それは、いっしょにくらしていた先輩警察犬《せんぱいけいさつけん》のシェパードのアミとグリムが死んだときでした。アンズはこの二頭を親のようにしたっていました。

アンズはアミやグリムの遺体《いたい》を見たあとに、今回とまったく同じ反応《はんのう》をしたのです。

そのときはしばらくの間、庭に出るとアミとグリムが使っていたケージをのぞき、いなくなったことを自分に言い聞かせていたようでしたが、今回はどうなるのだろうかと思いました。

その日の夕食は半分以上残したままで、むすめのエリーがおそるおそるアンズの残ったごはんを食べています。いつもなら、そんなことをしようものなら、おこるのに、今日は見ているだけです。

アンズにとって呼吸《こきゅう》をしていない人間を見たのがショックだったのではないでしょうか。

つぎの日の朝も、ケージの中でうずくまっていましたが、すこしずつげんきを取りもどし、しばらくするといつものアンズにもどっていたので、安心しました。

おつかれさま、アンズ！

元気になって、子どもたちと
庭でくつろぐアンズ

【家からいなくなった女の子の事件】

みんながアンズに協力！だから、こんなに早くかいけつできた！

事件File　no.8

【発生日時】
９月　朝10時

【発生場所】

住宅街

【内容】
るす番をしていた
子どもがいなくなった。
どこへ行ったのか？

今日は朝からいい天気です。

犬たちにシャンプーをし、家のとなりにある畑で野菜のしゅうかく作業を始めました。みずみずしい野菜がたくさんとれたので、近所におすそわけでもしよう、と思っていると、けいたい電話がなりました。

「警察《けいさつ》です。警察犬の出動、おねがいできますか？」

「できます。今、外にいますので、ちょっとまってください」

わたしはいそいで家にもどり、メモ用紙とえんぴつを用意しました。

「午前十時ごろ、家にいるはずの小学生の女の子が、おかあさんがかいものから帰ってくるといなくなっていたそうです。あわてて近くをさがしましたが、見つかりません。学校は休みですが、たんにんの先生もいっしょにさがしてくれました。しかし、見つからないので、警察にれんらくがありました」


たいへんだ、子どもが家からいなくなった！　いそがないと！


わたしはすぐにグレンとアンズを車に乗せて、女の子の家にむかいました。

三十分も走ると、パトカーがとまっているのが見えてきました。

「ごくろうさまです。原臭《げんしゅう》はこれです」

差し出されたビニールぶくろの中には、女の子の運動ぐつが入っています。

場所は住宅街《じゅうたくがい》です。

目立たないようにしよう、とアンズを使うことにしました。もし、シェパードを使うと、なにか事件《じけん》でもあったのか？　と、やじ馬が集まってくるので、こういうときは小型犬にかぎります。

アンズを車から出し、においをかがせます。

フゴフゴフーゴッ――

すこしすると、上目づかいにわたしを見て、「おとうさん、わかった」という合図を送ってきました。

顔つきもキリッとして、警察犬《けいさつけん》モードになっています。

「よし！　アンズ、さがせ！」と命令。

アンズは女の子の家のげんかんをとび出し、道路を左にまがりました。

早い早い。いつもより速いスピードで進むアンズ。

住宅街《じゅうたくがい》をぬけて、田んぼが広がる場所まで速度をおとさず歩きます。ついていく人間の息があがりそうです。

田んぼで農作業をしている人が見えました。

同行している捜査員《そうさいん》が、その人に声をかけています。

「小学生の女の子を見ませんでしたか？」

「見たよ。かなり前に歩いていったよ」

「どれぐらい前ですか？」

「二時間くらい前だよ！」

「（犬の行く方向と）あっているな！」

捜査員《そうさいん》たちが話しているのが聞こえます。

県道が見えてきました。

アンズはにおいを追って、どんどん進み、信号のない道路のところをわたろうとします。わたしはあわててとめました。

「犬が女の子はここをわたったと言っています」とわたしがつたえると、同行の捜査員がけげんな顔で、「子どもがこんな広くて車の多い道路をわたれるはずがない」と言いました。どうもアンズの追及《ついきゅう》をうたがっているようです。

でも、わたしはアンズを信じています。

「それはわかりませんが、アンズがわたりたいと言っています。とにかく、アンズの言うほうへ行ってみましょう」

そして、アンズといっしょに道路をわたり、捜査員にこうたのみました。

「この先にある警察署《けいさつしょ》にれんらくして、その周辺に子どもがいないか、さがしてもらってほしい」

「わかりました。れんらくします」

捜査員が無線でつたえています。

住宅街《じゅうたくがい》に入ると、パトカーが近づいてきて警察官がまどをあけて言いました。

「ごくろうさまです。おうえんにきました」

「警察犬はこの道を進んでいますので、この道の先に子どもがいないか、さがしてください」とおねがいしました。

アンズはさらにまっすぐ進みます。

住宅街をぬけ、町工場が続く道に入ってきました。

「行方不明者《ゆくえふめいしゃ》だと思われる子ども発見！」

同行の捜査員《そうさいん》の無線に、さっきのパトカーの警察官《けいさつかん》がほうこくしてきました。

女の子を無事発見

女の子が見つかったことを知らされていないアンズは足をとめることなく、さらに五十メートルほど進みました。

交差点をまがると、すごいいきおいでダッシュです！

どこへ行くんだ、アンズ!?

アンズはすこし先に見えるあき地まで走っていきました。

そこには一台のパトカーがとまっています。アンズはパトカーに近づくと、うしろのドアのそばでしきりにジャンプしています。中を見たいようです。

「この犬は、この中に行方不明者《ゆくえふめいしゃ》がいるのがわかるのか？　すごいな！」

そんな声が聞こえます。

パトカーの後部座席《ざせき》には、見つかった女の子が乗っていたのです。

すこしすると、ようやくアンズのうしろを歩いていた捜査員が到着《とうちゃく》しました。

「こんなに小さいのにわたしたちより早く着いたのか！　この距離《きょり》を、あのスピードで歩くなんてすごい！」

警察官はアンズのすばやい動きにおどろいています。

見つかって、よかった。

「さて、帰ろうか、アンズ」

乗ってきた車にもどろうとすると、捜査員から声をかけられました。

「お子さんのおかあさんがきますので、まっていてください」

この日は外気の温度二十八度。しかもアンズは数キロ、歩いてきたので、したを出して苦しそうに「のどがかわいた」とわたしにうったえています。

「すいません。どなたか水をもっていませんか？　アンズがのどがかわいたようなので！」

すると、パトカーの警察官《けいさつかん》が、「こんな暑い中、しかもあんな長い距離《きょり》を、歩かせちゃって。のどがかわくよな！　すみません、気がつかなくて」と言いながら、パトカーのトランクの中から水とうを取り出してくれました。

「お手がらだったなあ。ありがとうね」

「ありがとうございます」

アンズは注がれた水を、のどをならして、おいしそうに飲んでいます。

しばらくすると捜査員《そうさいん》と女の子のおかあさんがやってきました。

「〇〇ちゃん！」

かけつけたおかあさんは、なみだぐんでいます。

おかあさんが「ここにくるとちゅう、警察犬がうちの子をさがしてくれた、とおまわりさんから聞きました。どこにいるのでしょうか？」と言っています。

捜査員がアンズを指さして言いました。

「この警察犬です。こんなに小さいけど、いい仕事をするんですよ！」

「この犬が……アンズちゃん……。ええっ！　あのアンズちゃんですか⁉」

おかあさんがアンズに近よってきました。

「アンズちゃん、ありがとう。アンズちゃんはうちの子の恩人《おんじん》です」

そして、わたしにもお礼を言ってくれました。

「本当にありがとうございます。アンズちゃんの本は読んでいました。まさか自分の子どもがアンズちゃんに見つけてもらうとは思ってもみませんでした。なんとお礼を言っていいか、ありがとうございます」

おかあさんは顔をなみだでくちゃくちゃにしながら深々と頭を下げました。

アンズはおかあさんと女の子になでてもらって、ごきげんです。

車を駐車《ちゅうしゃ》してある場所までパトカーで送ってもらいました。

アンズは一頭で最初から最後までにおいを追いかけることができ、女の子をさがすことができました。

アンズはわたしが思っている以上に、現場《げんば》でがんばれることがわかりました。

これからがたのしみです。

がんばったな、アンズ！

ジャンプして「だっこ」とあまえるアンズ

警察犬アンズの事件簿　9

【父親にケガを負わせた息子《むすこ》の事件】

コツコツと訓練して、長い距離《きょり》も追えるようになった！

事件File　no.9

【発生日時】
7月　夕方の5時

【発生場所】
市街地《しがいち》の住宅

【内容】
息子が父親に
ケガを負わせて
家を出て行方不明《ゆくえふめい》

夕方、すこしすずしくなったので、いつもの公園で訓練を始めようと、犬たちを車からおろしていると、けいたい電話がなりました。

「警察《けいさつ》ですが、〇〇市で事件《じけん》が発生しました。出動できますか？」

「だいじょうぶです。出動できます」

「おねがいします。現場《げんば》の住所のメモをおねがいします」

こうして聞き取った住所は〇〇市の住宅街《じゅうたくがい》です。

「まだ、人通りが多い時間だなあ」

アンズかディーンを使おうと、二頭を車に乗せて出発。約三十分で現場に着きました。近くに行くとパトカーの赤いライトが点滅《てんめつ》し、ただごとならぬ気配がただよっているのがわかりました。

すでに現場付近の道路には、立ち入り禁止《きんし》の規制線《きせいせん》がはられていて、警備《けいび》のために警察官が立っています。


わたしが車で近づくと、警察官が近づいてきました。

「警察犬です」

「ごくろうさまです。このおくが現場です」と規制線の中に入れてくれました。

わたしは車をゆっくりと走らせました。道の両側は商店街《しょうてんがい》です。一軒《けん》の店の前にパトカーがとまっています。

「ここだな、きっと」

車をとめると、鑑識課員《かんしきかいん》が近づいてきて、「状況《じょうきょう》ですが……」と事件《じけん》の説明を始めました。

「夕方、この家のおくさんが家に帰ると、台所でご主人が血を流してたおれているのを発見して通報《つうほう》してきました。この家は夫婦《ふうふ》と息子《むすこ》二人という家族構成《こうせい》ですが、息子の一人とれんらくがつきません。この息子をさがしてください」

父親は救急車《きゅうきゅうしゃ》で病院に運ばれ、大ケガをしているものの、一命はとりとめました。

今回の警察犬《けいさつけん》の仕事は、どこかにいる息子をさがすことです。

もちろん、この息子が犯人《はんにん》かどうかはわかりませんが、その可能性《かのうせい》もあります。しんちょうに進めなければなりません。

今回は目立たないほうがいいだろう、とアンズで捜索《そうさく》することにしました。

アンズの出番

鑑識課員が息子のくつが入っているビニールぶくろを持ってきました。これが原臭《げんしゅう》です。

「アンズ、行くぞ!」

わたしは車からアンズをおろし、犯行現場《はんこうげんば》である家のげんかんに連れて行きました。

すると以前、いっしょに作業したことのある鑑識課員が声をかけてきました。

「おや、この間、かつやくしてくれた犬だね! あのときはありがとう。今日もよろしくたのむよ」

アンズはすこしずつですが、捜査員《そうさいん》たちがその追及能力《ついきゅうのうりょく》をみとめてくれています。そういう声を聞くと、わたしもうれしくなります。

アンズ、よかったな。

今日もみんなの期待にこたえてくれよ！


においをかくにんし終わったアンズがげんかんを出ました。道路に出ると首を左右にふって、「どっちへ行くべきか」とにおいを追っているようです。やがて、右にまがり、いきおいよく進んでいきます。

三十メートルも進むと、交差点でとまりました。また、首を左右にふってにおいをかくにんすると、今度は左にまがり、大きな道路に出ました。

アンズの歩くスピードがどんどん速くなります。

すたすたすたすた

鼻を道路にこすりつけながら、まるで走っているようです。

この道路を五百メートルほど進むと交差点が見えてきました。もう一キロほど進んだでしょうか。

「いやあ、アンズちゃん、すごいスピードと持久力《じきゅうりょく》だな、ビックリだ！ ついていくのがやっとだよ」

必死についてきて、あせびっしょりになった捜査員《そうさいん》がぼやいています。

アンズ、どんどん行け！

さらに行くと、アンズは交差点のおうだん歩道の前ですわりました。

日ごろの訓練で、おうだん歩道の前ではかならずとまって、すわるようにしつけてあります。わたしの命令があるまでわたることはできません。

アンズはこんなときでもちゃんとその教えを守り、まようことなくすわりました。

それを見た捜査員《そうさいん》がおどろいています。「人間でもおうだん歩道の前で一時停止する人がすくないのに！」と、つぶやくのが聞こえてきました。

「よし！」

信号が変わったので、アンズに許可《きょか》を出すと、おうだん歩道をわたりました。

そのまま商店街《しょうてんがい》を進んでいくと、どこかの店からでしょうか、けたたましくほえる犬の声が聞こえてきます。すこし行くとガラス戸の向こうにいるダックスフンド二頭が、アンズにむかってほえているのがわかりました。

ワンワン、ワン、ワン!!

アンズはチラッと見たものの、まったく気にせず、すぐに鼻を地面につけて前進。

まるで、「わたしは仕事中よ。あんたたちなんかにかかわっていられないのよ」とでも言いたげないどです。もちろん、捜索中《そうさくちゅう》はほかのものに気を取られないようにおしえている訓練の成果です。

アンズには見えた！

だんだんと町の中心部に近づいてきました。

学校帰りの学生や家に急ぐおかあさんなど、歩く人や自転車に乗る人とたくさんすれちがいます。

アンズはそんな人たちを気にするようすもなく、一心不乱《いっしんふらん》ににおいを追いかけます。この道はどうやら、駅にむかっているようです。

三百メートルほど行くと、歩道橋があり、これをわたれば駅です。

「アンズ、この先、駅や電車があるけど、なにがあるんだ?」

わたしは心の中でアンズに問いかけます。

アンズはまようことなく歩道橋のかいだんを一歩一歩のぼり、歩道橋をわたりきると、今度はいきおいよく走りおりました。

その早いこと!

「さて、どっちにむかうのかな?」

うしろの捜査員《そうさいん》が息を切らしながら、聞いてきました。

かいだんをおりきると、アンズは駅前のロータリーをまようことなく、駅舎《えきしゃ》のほうに進みます。


時間は夕方の六時。

駅舎まで、あと十メートルというところまできたとき、女子高校生らしき集団が改札からぞろぞろと出てきました。

まずい！

あんのじょう、アンズを見つけて、キャーキャーと声をあげました。

「かわいい！」

「アンズじゃないの⁉」

そんな歓声《かんせい》をよそに、アンズは駅舎の中をじーっと見ています。

わたしは、もし、さがしている息子《むすこ》が駅の中にいて、このさわぎに気がつき、どこかへ行ってしまったらたいへんだと思い、アンズをあわててだきあげて、捜査員に言いました。

「警察犬《けいさつけん》は息子さんが駅の中にいると言っています。さがしてください」

これ以上の捜索《そうさく》は、捜査員《そうさいん》におねがいして、アンズといっしょにきた道をもどり始めました。

同行していた捜査員が「現場《げんば》からここまで、二キロぐらいありますよ。小型犬がこんなに歩くなんて知りませんでした」と話しかけてきます。

車をとめたところまでもどりました。そこは夫婦《ふうふ》の家のあるところです。

車に乗ろうとしたら、つぎのようなほうこくがありました。

「本人が自主的に駅前交番に出頭しました」

息子は駅のすみで、ぼうぜんとたたずみ、深く反省し、こうかいしていたそうです。もちろん、親をキズつけることはゆるされることではありません、たとえどんな事情《じじょう》があったとしても。

罪をつぐなったら、なんとか立ち直って、人生をやり直してほしい、と心からねがいます。


わが家の明かりが見えてきました。ホッとします。

犬たちがまっています。

みんなの顔を見たら、すこしげんきになれそうです。

「アンズ、ありがとう、がんばったな」


長い一日が終わりました。

警察犬アンズの事件簿　10

【いなくなった女子高校生の事件】

これだけやっても、アンズはまだ信用されていない。もっともっと、がんばろう！

事件File　no.10

【発生日時】
7月　夕方5時

【発生場所】
市内の住宅

【内容】
学校に行かず、
家に帰ってこない
女子高校生が
行方不明

夕方、いつものように訓練に行こうと、犬を車に乗せていると、ポケットの中のけいたい電話がなりました。

「警察犬《けいさつけん》の出動、おねがいできますか？」

「できますよ！　現場《げんば》の住所をおしえてください！」

「○○市です」

「わかりました。今からすぐむかいます」

「くわしいことはあとでれんらくさせますので、よろしくおねがいします」

わたしは電話を切り、車の中を見ました。

シェパードのグレンにディーン、バロン、トイプードルのアンズにエリーと、うちの犬が全員、乗っています。

「今日は全員、乗ってるな。よーし、このまま現場に直行だ」

わたしは五頭が乗った車を、高速道路のインターチェンジにむかって走らせました。

とちゅう、けいたい電話がなったので、ハンズフリーにして話を聞きました。

「行方不明者《ゆくえふめいしゃ》は女子高校生です。朝、ふつうに家を出たのに、学校にきていない、とれんらくがあり、捜索《そうさく》ねがいが出されました。その子の部屋には遺書《いしょ》めいたものがありました」

たいへんだ、学校へ行かないで、どこへ行ったんだろう。

行方不明者《ゆくえふめいしゃ》の家に着きました。家の前には家族や高校の先生が立っています。

担当署員《たんとうしょいん》が「ごくろうさまです。原臭《げんしゅう》として本人の運動ぐつを用意しました」とビニールぶくろに入ったくつをわたされました。

まずはアンズで捜索《そうさく》しようと、あき地でおしっこをさせ、女子高校生がさいごに目撃《もくげき》されているコンビニにむかおうとしました。

すると家族から、こんな声が聞こえてきます。

「うそでしょう!」

「あんな小さな犬に捜索なんかできるの?」

「一分一秒をあらそうのに、ふざけてる！」

同行している鑑識課員《かんしきかいん》は前にもいっしょに捜索をしたことがある人で、アンズのことをよくわかっています。くやしそうに、こう言いました。

「アンズのことを知らない人は、そう思うんですかね！　ゆうしゅうな警察犬《けいさつけん》なのに……」


コンビニに着きました。

「アンズ、すわれ」

アンズの鼻先に原臭を差し出すと、クンクンと鼻を運動ぐつにつけて、かぎ始めました。

においがわかると、鼻を下げて地面に円をえがくように、においをさがし始めました。その円がだんだん大きくなり、直径《ちょっけい》二メートルぐらいになると、ピタッと動きがとまりました。においをキャッチしたのです。

コンビニのわきの坂道をのぼり、公園の中に入り、ベンチのにおいをかいでいます。女の子はここですわったのでしょう。

アンズはさらにどんどん歩き、交差点に出ると、住宅街《じゅうたくがい》を進みました。

だんだん、家が少なくなり、家のへいがとぎれたところをまがると、登山道入り口の標識《ひょうしき》がありました。

アンズの体力

アンズは登山道をのぼり始めました。

すでに捜索《そうさく》を始めて二時間がたっています。とちゅう、休みはとりますが、かなりくたびれてきました。

あたりはまっ暗です。

この登山道はあまり人の出入りがないようで、雑草《ざっそう》がかなり生えています。アンズはつかれを見せず、この暗い登山道を進みますが、雑草がおいしげり、その高さがいよいよアンズより高くなってきたので、スピードが一気におそくなりました。

そして、もう五分も進むと、アンズの前にかべのように生えている雑草に行く手をはばまれ、「もうこれ以上は入っていけないよ！」とうったえるように立ちどまりました。

「すいません、この犬で、これ以上は無理ですので、犬を交代させます。この場所でまっていてください」と鑑識課員《かんしきかいん》につたえました。

わたしはアンズをだきあげて車にもどるため、きた道をもどり、行方不明者《ゆくえふめいしゃ》の家の前にとめた車の中からディーンを出しました。

「あんな小さな犬では、やっぱり無理だったんだ」

そんな声が聞こえます。

アンズがどれだけがんばったのか、現場《げんば》の作業も見ないで勝手なことを言う人がいるものです。


わたしがポットから注いだ水を、アンズは音を立てて一気に飲みほしました。つかれたはずです。

「おつかれさん、ゆっくり休め！」


そして、シェパードのディーンを出しました。

それを見た人たちから、今度はこんな声が聞こえてきます。

「大きい！　シェパードだ！　最初からこの犬を使えばよかったのに！」


たいていの人がシェパード＝利口＝警察犬《けいさつけん》というイメージをもっていること

がよくわかります。

そうではありません。犬にも個性《こせい》があって、シェパードだって得意なこと、苦手なことがあります。

ディーンの出番

ディーンにおしっこをさせ、いそいでさっきの登山口にむかいました。

そして、ここでまっていてくれた鑑識課員《かんしきかいん》といっしょに山に入ります。まもなく、さっきアンズがあきらめた場所に着きました。

ここからディーンの捜索《そうさく》開始です。

原臭《げんしゅう》をかがせて、「さがせ」と命令。

ディーンは背《せ》の高い雑草《ざっそう》をかきわけて、ぐいぐいと進みます。

百メートルも進むと道がぬかるんでいる場所にさしかかりました。

ディーンが歩みをとめて、しきりに地面についたにおいをかぎ、わたしの顔を見ました。そこをライトで照らすとくっきりと足あとが見えました。行方不《ゆくえふ》明者《めいしゃ》の足あとでしょう。

「ゲソ痕《こん》（足あと）があります！」

そこからしばらく進むと、ディーンが右に見えるやぶに鼻をこすりつけ、いっしょうけんめい、においを取ろうとしています。

「もしかしたら、このやぶの中にいるのか？」

ライトを持った鑑識課員《かんしきかいん》がやぶの中に入り、かくにんします。

「やぶはかなり深いです。見えるはんいに人はいません」

そこからさらに三十分ほど山道をのぼると、ディーンはわき道に入りました。道なき道を数百メートル進みます。しかし、どの道も雑草《ざっそう》や倒木《とうぼく》にはばまれ、なかなか先に進めません。

とちゅう、大きな池を通りぬけると大きな建物が見えてきました。

学校のようです。

行方不明者はなんでここへ来たのだろう？　と思っていると、鑑識課員がこう言いました。

「ここは行方不明者が通っていた中学校だと思います」

わたしはふたたび、ディーンに「さがせ」と命令しましたが、鑑識課員が「今日はもうおそいので、これで終了《しゅうりょう》にしましょう！」と言いました。

時計を見ると日付がかわっています。

「行方不明者は生きています。この山の中のどこかにひそんでいますので、明日の朝、登山口からのぼり、行方不明者に声かけしてください」

わたしはそう、みんなにおねがいしました。

「ごくろうさまでした。車まで遠いので、パトカーで送ります」

ディーンといっしょに後部座席《ざせき》に乗りこみ、行方不明者《ゆくえふめいしゃ》の自宅前でパトカーからおりました。

すると、年配の親族《しんぞく》らしき人がこう言いました。

「もう捜索《そうさく》をやめてしまうんですか！」

「税金《ぜいきん》をはらっているのだから、それなりの仕事をしてくださいよ！」

「無責任《むせきにん》だろ！」

それを聞いた鑑識課員《かんしきかいん》がこう説明しました。

「深夜の山中での捜索は、滑落《かつらく》などによる二次災害《にじさいがい》のおそれがありますので、本日の捜索は終わりにし、明日の早朝より再開します」

納得《なっとく》していないようです。

かといって自分たちで捜索する気持ちはまったくないようで、そそくさと家の中に入ってしまいました。

「警察犬《けいさつけん》の捜索では、山中にいることは確実です。また、足あとでわかる行方不明者の行動から自殺することはないと思います。明日、登山口でよびかけてもらえば、きっと出てきます」

もう一度、そうおねがいして車に乗りました。

家にもどったのは、深夜三時。わたしもつかれましたが、出動した犬も、車でるす番していた犬たちもつかれたでしょう。

よくやった。

みんなわたしがしんらいする、かけがえのない犬たちだ。

おまえたちがいてくれてこそのわたし……。

まっ暗な山の中をもんくひとつ言わず、わたしをはげますようにどんどんのぼってくれる犬にわたしはかんしゃの気持ちでいっぱいになりました。

それなのに、警察犬《けいさつけん》にクレームをつける人がいるとは……。


翌朝《よくあさ》、電話がなりました。

「日の出とともにしんせきの人が、あの登山口でよびかけたところ、本人が出てきましたので、終了《しゅうりょう》とします。ごくろうさまでした」

ちょっと残念なこともありましたが、うちの犬はよくやりました。

とにかく、無事に見つかってホッとしました。


さあ、今日も犬を連れて訓練です。

「行くぞ!」と声をかけると、大きな声がかえってきました。

ワンワンワ――――――ン!

よーし、がんばっていこう!

雑草より小さいアンズ

エピローグ

アンズのようにコツコツと

この本に出てきた〝十の事件簿《じけんぼ》〟はアンズが警察犬《けいさつけん》になって五年間のたくさんの出動記録からえらんだものです。

警察犬の試験に受かったものの、はじめのころは警察からも一般《いっぱん》の人からも「こんな犬でだいじょうぶなの？」とまったく信用されていませんでした。

そんな中、アンズは地道に訓練を続けました。

負けずぎらいで、ド根性《こんじょう》があり、シェパード顔負けの勇気も気の強さもあるアンズ。「たとえ、今日、できなくても、明日、あさってと続けていけば、かならず、まわりがみとめてくれる結果が出せる。そして、そのうちまわりが必要としてくれる」とでも言いたいように、コツコツと努力し、実績《じっせき》を重ね、自分で道を開いていきました。

アンズといっしょに仕事をすることで、わたしは自分が警察犬の活動を始めた三十年ほど前のことをよく思い出します。

当時は「警察犬でも出しておくか」と、最後の最後にようやく声をかけられるくらいで、警察犬はあまり期待されていませんでした。シェパードを事件現場に連れて行っても、たくさんの関係者の足あとであらされたあとで、とてもにおいを追えるような状況《じょうきょう》ではなかったし、警察官が警察犬をどう使っていいかも、よくわかっていませんでした。

だから、どんなに歩いても、だれも犬に水などくれないし、自分が乗ってきた車からどんなにはなれたところで作業が終わっても、「はい、さよなら」とおきざりでした。

でも、わたしはそんなことは気になりませんでした。「ちゃんとやっていれば、いつかきっと、わかってくれる」と信じていたからです。

そして、そんな状態《じょうたい》で二十年続けたころ、やっと「警察犬《けいさつけん》をおねがいできますか」とたのまれるようになり、しばらくすると事件現場《じけんげんば》に行けば、「警察犬がくるまで、まだ手をつけていません」としょうこをほぞんしておいてくれるようになりました。警察官に顔見知りもでき、すこしずつやりやすくなり、シェパードとたくさんの事件をかいけつしていました。

そこにとつぜん、あらわれたのがアンズです。

現場に出れば「ええ!」と警察官におどろかれ、しょうこをつきとめれば「ほんとうにだいじょうぶですか?」と信じられていないことがわかりました。

もちろん、三十年前とはちがって、シェパードが作ってくれた道がありますが、警察犬は大型犬という先入観《せんにゅうかん》は根深く、今でもアンズが出ていくとがっかりされることはすくなくありません。

でも「あきらめない、そして、くさらない。なんだって結果などすぐには出ない。時間がかかって、いやになって投げ出したいこともある。なんにでも、みとめてもらうのに近道はない」とわたしとアンズは信じて続けてきました。もちろん、これからもコツコツ、やっていくつもりです。

みなさんもいやなことがあったときは、アンズのことを思い出してください。だれにも評価《ひょうか》されない日が続いても、がんばったアンズのことを。

今、アンズは全国にいる小型犬の警察犬に道をひらこうとがんばっています。アンズのかつやくがみとめられることで、小型犬への関心が高まり、「今日はちっちゃい警察犬をお願いします」という声が聞かれる日がくると信じて。

二〇二〇年　初冬に　　鈴木博房

鈴木博房（すずきひろふさ）
嘱託警察犬指導士／茨城県動物愛護推進員

嘱託警察犬指導士歴32年のベテラン。今までに11頭の嘱託警察犬を育てる。年間の出動回数は50回ほどに及び、その出動率は日本でもトップクラス。警察犬の養成にも定評があり、近隣の学校などでの講演活動もこなす。 現在、鈴木家にはシェパードのグレン（10歳）、ディーン（6歳）、バロン（2歳）とトイプードルのアンズ（7歳）と娘のエリー（3歳）の警察犬がいっしょにくらす。
著書に『警察犬になったアンズ』『がんばれ、アンズ！』『ドッグトレーナーになりたいきみへ』（すべて岩崎書店）など。

本書は、実際の事件に基づき物語にしたものですが、状況や人物など一部、改めてあります。

警察犬 アンズの事件簿
小さいけれど、大きな仕事

2020年11月30日 第1刷発行
2021年 4 月15日 第2刷発行

著者 ────── 鈴木博房
発行者 ───── 小松崎敬子
発行所 ───── 株式会社 岩崎書店
〒112-0005 東京都文京区水道1-9-2
電話 03-3812-9131［営業］
03-3813-5526［編集］
振替 00170-5-96822

写真 ────── 齋藤さだむ（表紙）
デザイン ──── 鈴木佳代子
印刷所 ───── 株式会社光陽メディア
製本所 ───── 株式会社若林製本工場

ISBN 978-4-265-84023-6 NDC916

Published by IWASAKI Publishing Co.,Ltd.
Printed in Japan

岩崎書店ホームページ https://www.iwasakishoten.co.jp
ご意見をお寄せください info@iwasakishoten.co.jp
乱丁本・落丁本はお取り替えします